AF569669

Entdecke die Störche
Thomas Schmidt

Titelbild: Prächtiger Anblick: Weißstorch im Flug
Rückseite: Weißstörche sind Frühjahrsboten!

Seite 1: Dieser Weißstorch hält auf einer Wiese Ausschau nach Beute
Seite 2: Störche legen als Zugvögel weite Strecken zurück

2. Auflage 2018

ISBN: 978-3-86659-284-1

An der Kleimannbrücke 39/41
48157 Münster
Tel.: 0251-13339-0
Fax: 0251-13339-33
E-Mail: verlag@ms-verlag.de
Home: www.ms-verlag.de
Geschäftsführung: Matthias Schmidt
Layout: Ann-Christine Schönenberg
Lektorat: Kriton Kunz
Bildredaktion: Thomas Schmidt
Druck: Alföldi, Debrecen

Titelbild: Nicola Destefano/Shutterstock
Rückseite: bazilfoto/Thinkstock Images International

Thinkstock Images International:
Seite 1: David & Micha Sheldon
Seite 8: oben: o2beat
Seite 12: oben li.: geWildNatuurfotografie
Seite 12: unten: Eric Isselée
Seite 16: oben rechts: Leopardinatree
Seite 20+21: Miroslav Kis
Seite 27: oben: Prill Mediendesign & Fotografie
Seite 31: oben: kojihirano
Seite 30+31: patrickjoseph1
Seite 32+33: MOONFLASH-LONDON
Seite 36: unten: odyphoto
Seite 46+47: bizoo_n
Seite 47: Mitte: Serg_Velusceac

juniors@wildlife:
Seite 8: unten: I.Shpilenok/WILDLIFE
Seite 14+15: C.Sanchez/WILDLIFE
Seite 16: unten: Archiv/juniors@wildlife
Seite 17: oben: D.Tipling/WILDLIFE
Seite 19: unten: A.Krieger/WILDLIFE
Seite 20: oben links: M.Harvey/WILDLIFE
Seite 23: Mitte: WILDLIFE/S.Muller
Seite 26: oben: WILDLIFE/M.Harvey
Seite 37: R.Usher/WILDLIFE
Seite 38+39: Harvey, M./WILDLIFE
Seite 44+45: WILDLIFE/A.Mertiny
Seite 44: oben rechts: G.Delpho/WILDLIFE

Shutterstock:
Seite 2+3: Dmytro Balkhovitin
Seite 4+5: Evgeni Stefanov
Seite 6: oben: Mark Mirror
Seite 6: unten: Member
Seite 7: MMCez
Seite 9: Bildagentur Zoonar GmbH
Seite 18: oben: Jakub Mrocek
Seite 20: oben rechts: Vitaly Ilyasov
Seite 21: unten: Schalke fotografie/Melissa Schalke
Seite 22: oben: Pukhov Konstantin
Seite 23: oben: Bildagentur Zoonar GmbH
Seite 24: pedrosala
Seite 25: oben li.: bjonesphotography
Seite 25: unten: Bildagentur Zoonar GmbH
Seite 26+27: indukas
Seite 28: oben: Vladimir Kogan Michael
Seite 28: unten: Andreas Altenburger
Seite 29: oben: Florian Andronache
Seite 30: Mitte: Nick Biemans
Seite 30: unten: Dmitry Naumov
Seite 33: oben: Zacarias Pereira da Mata
Seite 33: Mitte: Erni
Seite 34+35: Albert Russ
Seite 34: Mitte: jo Crebbin
Seite 35: unten: David Osborn
Seite 44: oben links: muratart

Arco Images GmbH:
Seite 10+11: FLPA/Dickie Duckett
Seite 12: oben re.: FLPA/Malcolm Schuyl
Seite 13: oben links: FLPA/Martin Hale
Seite 13: oben rechts: TUNS
Seite 13: unten: NPL/LYNN M. STONE
Seite 16: oben links: imageBROKER/Christian Heinrich
Seite 19: oben rechts: C. Braun
Seite 22: unten rechts: imageBROKER/Stefan Huwiler
Seite 23: unten: H. Reinhard
Seite 30: oben: FLPA/Malcolm Schuyl
Seite 36: oben: imageBROKER/Manfred Valentin Ramminger
Seite 39: oben: NPL/Wild Wonders of Europe/Peltomäki
Seite 40+41: NPL/Angelo Gandolfi
Seite 42: oben: NPL/Guy Edwardes
Seite 48: imageBROKER/Bernd Zoller

Okapia KG:
Seite 15: oben: imageBROKER/Christian Hütter
Seite 17: unten: imageBROKER/Alfred & Annaliese Trunk
Seite 25: oben rechts: Norbert Wimmer
Seite 29: unten: Fritz Pölking
Seite 42: unten: Carsten Braun/OKAPIA
Seite 43: oben: Fritz Pölking/OKAPIA
Seite 43: Manfred Danegger/OKAPIA

Sonstige:
Seite 22: unten links: Matthias Schmidt

Inhaltsverzeichnis

Mit seinem langen, roten Schnabel hat dieser Weißstorch einen leckeren Frosch geschnappt

Willkommen in der Welt der Störche!

Gern bin ich in den Kirchwerder Wiesen unterwegs, um Vögel zu beobachten. Dieses Naturschutzgebiet liegt im Südosten von Hamburg. Manchmal entdecke ich dort einen besonders großen Vogel. Er ist schwarzweiß, hat einen langen Hals, lange, rote Beine und einen langen, roten Schnabel. Der Weißstorch, so heißt dieses beeindruckende Tier, fühlt sich in den feuchten Wiesen und an den Gräben und Teichen des Naturschutzgebietes besonders wohl. Würdevoll schreitet er umher, auf der Suche nach Insekten, Regenwürmern, Fröschen und anderer Nahrung.

Das riesige Nest des Weißstorches wird auch als „Horst" bezeichnet

Der Weißstorch ist ein sehr bekannter und beliebter Vogel. Früher glaubten manche Menschen vor allem in Norddeutschland, er würde die kleinen Kinder im Schnabel herbeitragen und der Mutter ins Bett legen. Das passt zu seinem Beinamen „Adebar", denn dieses Wort leitet sich aus dem Germanischen ab und bedeutet „Glücksbringer". Eine andere volkstümliche Bezeichnung für den Weißstorch ist „Klapperstorch". Am Nest klappert er nämlich gern mit seinem roten Schnabel.

Der Weißstorch ist ein Kulturfolger. Das bedeutet, dass er häufig in der Nähe der Menschen lebt. Er brütet gern auf Dächern, Schornsteinen und Kirchtürmen, nimmt aber auch künstliche Nisthilfen an. So stellen Naturschützer dem Weißstorch fertige Nester auf sogenannten Storchenmasten zur Verfügung.

Der Klapperstorch

Der Weißstorch ist ein schweigsamer Vogel. Er singt nicht und beherrscht auch nur wenige Rufe. Dafür kann er aber mit seinem roten Schnabel klappern. Dabei biegt er seinen Hals ganz weit nach hinten auf den Rücken. Das Klappern ist ein sogenannter Instrumentallaut, denn der Weißstorch nutzt seinen Schnabel wie ein Musikinstrument, mit dem er bestimmte Töne erzeugt. Er klappert in ganz unterschiedlichen Situationen: etwa im Duett mit seinem Partner oder um einen unliebsamen Konkurrenten zu vertreiben, der es auf sein Nest abgesehen hat.

Würdevoll schreitet ein Weißstorch über die feuchte Wiese, auf der Suche nach Nahrung

Der Schwarzstorch ist viel seltener als der Weißstorch

Der Schwarzstorch, die zweite bei uns lebende Storchenart, ist etwas kleiner als der Weißstorch und hat wie dieser rote Beine und einen roten Schnabel. Der Bauch und die unteren Schwanzfedern des Schwarzstorches sind weiß, ansonsten trägt er ein dunkles Federkleid. Seine schwarzen Federn zeigen bei Sonnenschein einen grünlichen bis violetten Metallglanz. Der Schwarzstorch klappert kaum, hat dafür aber verschiedene Laute auf Lager. Im Flug ruft er melodisch „Fuo". Fühlt er sich am Nest bedroht, reagiert er mit langen, fauchenden Lauten.

Kulturflüchter Schwarzstorch

Der Schwarzstorch ist ein sehr scheuer und empfindlicher Vogel. Er brütet weitab von menschlichen Siedlungen im Gebirge und in alten, ausgedehnten Laub- und Mischwäldern. Sein Nest baut der Schwarzstorch oben in die Kronen der Bäume. Nahrung findet dieser seltene Vogel in Waldmooren, auf feuchten Wiesen, in Bächen und Teichen. Der Schwarzstorch frisst Fische, Frösche, Molche, aber auch Insekten und sogar Moose und Wasserpflanzen.

Einen Schwarzstorch zu beobachten, ist allerdings nicht einfach, denn im Gegensatz zum Weißstorch meidet er die Nähe des Menschen: Er ist ein Kulturflüchter.

Sicher möchtest Du jetzt noch viel mehr über das aufregende Leben unserer heimischen Störche und ihrer Verwandten in anderen Teilen der Erde erfahren. Wo in der Welt sind sie zu Hause? Was steht auf ihrem Speisezettel und wie läuft ihr Familienleben ab? Welche Beziehung haben wir Menschen zu den Störchen und wie kannst Du sie am besten beobachten und schützen? Diese und alle weiteren Fragen rund um die faszinierenden Vögel möchte ich Dir jetzt beantworten. In einem Extra-Kapitel gehe ich noch genauer auf die fantastischen Wanderungen des Weißstorches ein, und am Schluss des Buches kannst Du Dein Wissen über Störche bei einem Quiz testen. Viel Freude beim Lesen!

Horst

Das Wort „Horst" bedeutete ursprünglich so viel wie „Gesträuch" oder „Dickicht". Später verwendeten es zunächst Jäger für mächtige Nester, etwa von Adlern oder Störchen, die fast schon an ein Gesträuch erinnern. Heute nennen wir allgemein das große Nest bestimmter großer Vogelarten wie von Greifvögeln und Störchen Horst.

Als Kulturfolger brütet der Weißstorch gern auf Dächern

Störche anderer Kontinente

Es gibt auf unserer Erde nicht nur Weißstorch und Schwarzstorch, sondern insgesamt 19 Storchenarten. Man nennt sie auch Schreitvögel. Früher zählten Wissenschaftler zur Gruppe der Schreitvögel auch noch beispielsweise Reiher oder Pelikane, aber heute rechnen sie nur noch die Störche dazu. Typisch für Störche sind der lange Hals, die langen Beine und der große Schnabel. Störche haben große und breite Flügel, mit denen sie hervorragend segeln können. Sie kommen auf allen Kontinenten vor, nur in der Arktis und in der Antarktis fehlen sie. Ursprüngliche Heimat der Störche sind die Tropen und Subtropen, also die warmen Gebiete der Erde. Dort leben noch heute die meisten Storchenarten. Auch der kleinste und der größte Storch sind dort zu Hause.

Dort, wo es nicht so warm wird, also in den gemäßigten Breiten, brüten nur drei Storchenarten. Weißstorch und Schwarzstorch hast Du bereits kennengelernt. Die dritte Art, der Schwarzschnabelstorch, lebt in China und in Sibirien. Er sieht unserem Weißstorch sehr ähnlich, hat aber, wie sein Name schon sagt, einen schwarzen Schnabel. Der Schwarzschnabelstorch ist sehr selten und deshalb vom Aussterben bedroht. Das liegt vor allem daran, dass der Mensch seine Lebensräume zerstört, etwa indem er wertvolle Feuchtgebiete trockenlegt und in Ackerflächen umwandelt. Heute gibt es darum nur noch rund 2 000 Exemplare dieser stark gefährdeten Vögel.

Ein Nimmersatt-storch aus Afrika trägt einen Ast zu seinem Nest

Riese

Die größte Storchenart, der Sattelstorch, ist im tropischen Afrika zu Hause. Mit 150 Zentimetern Länge wird der Sattelstorch doppelt so groß wie der Abdimstorch. Seine Flügelspannweite beträgt fast zweieinhalb Meter. Damit gehört er zu den größten flugfähigen Vögeln der Welt! Der Sattelstorch hat seinen Namen von seinem „Sattel“: So nennt man den goldgelben Ansatz seines Oberschnabels.

Zwerg

Die kleinste Storchenart ist der Abdimstorch. Er lebt in Afrika südlich der Wüste Sahara und wird nur 75 Zentimeter groß. Der Abdimstorch heißt auch Regenstorch, denn manche Eingeborenen glauben, er würde den ersehnten Regen herbeibringen. Dieser „Mini-Storch“ erfreut sich in seiner Heimat großer Beliebtheit, da er mit Vorliebe die schädlichen Heuschrecken wegfrisst.

Eine weitere interessante Storchenart ist der Marabu. Du kannst ihn in vielen Zoos sehen. Kopf und Hals dieses afrikanischen Schreitvogels sind fast nackt und erinnern ein wenig an einen Geier. Wie dieser ernährt sich auch der Marabu vorzugsweise von Aas, also toten Tieren. Mit seinem mächtigen Schnabel schlitzt er sie auf, steckt dann Kopf und Hals hinein und frisst. Federn wären da nur hinderlich und würden verschmutzen. Wie der Geier erfüllt auch der Marabu eine wichtige Aufgabe im Naturhaushalt: Als „Gesundheitspolizist“ beseitigt er Kadaver, also Tierleichen, und sorgt dadurch dafür, dass sich keine Krankheiten durch gefährliche Bakterien und Viren ausbreiten können.

An Kopf und Hals hat der Marabu fast keine Federn

Auch dem Waldstorch fehlen Federn an Kopf und Hals. Diese Art lebt im Süden der USA sowie in Mittelamerika und in Südamerika. Der Waldstorch frisst Schnecken, Insekten, Fische und Frösche. Da er einen Großteil seiner Nahrung im flachen Wasser findet und dabei oft den Bodenschlamm aufwühlt, ist es auch für ihn vorteilhaft, dass Kopf und Hals nackt sind. Besäße er dort Federn, wären diese nach jeder Nahrungssuche nass und schlammverkrustet, und der Waldstorch müsste viel Zeit damit zubringen, sie zu reinigen.

Wird es dem Waldstorch zu heiß, hilft er sich mit einem kleinen Trick. Er bespritzt die langen Beine mit seinem wässrigen Kot. Das klingt vielleicht eklig, aber

links: In China und in Sibirien ist der sehr seltene Schwarzschnabelstorch zu Hause

rechts: Der Riesenstorch lebt in Südostasien und in Australien. Er frisst gern Muscheln und Krebse.

es nützt ihm wirklich. Denn das Wasser verdunstet dann in der Sonne, und die erhitzten Beine kühlen sich durch die sogenannte Verdunstungskälte ein wenig ab.

In Südostasien und in Australien lebt der Riesenstorch. Mit einer Länge von knapp 135 Zentimetern wird er nicht ganz so groß wie der afrikanische Sattelstorch, die größte Art überhaupt, von der Du auf Seite 12 mehr lesen kannst. Auffallend ist der mächtige schwarze Schnabel des Riesenstorchs. Damit kann er prima die Schalen von Muscheln und Krebsen aufknacken. Der Riesenstorch frisst aber auch Fische, Frösche und sogar Schlangen. Diese tötet er, indem er sie mit seinem mächtigen Schnabel schnell hin und her schüttelt oder auf den Boden schlägt.

Der Waldstorch auf Fischfang

Will der Waldstorch einen Fisch fangen, watet er durch das Wasser. Hat er seine Beute entdeckt, stößt er blitzschnell mit seinem langen, leicht nach unten gebogenen Schnabel zu. Der Waldstorch kann sogar im trüben Wasser nach Fressbarem suchen. Dazu bewegt er seinen Schnabel langsam hin und her. Er sieht seine Beute zwar nicht, doch er kann sie ertasten: Sinneszellen auf seinem Schnabel reagieren nämlich auf Berührungsreize. Stößt ein Fisch dagegen, schnappt er sofort zu.

Speisezettel der Störche

Störche fressen vorwiegend Fleisch. Einige Arten, etwa der Schwarzstorch, haben jedoch auch hin und wieder Pflanzen auf ihrem Speisezettel. Viele Arten mögen Fische, Frösche und Mäuse. Unser Weißstorch hat aber noch andere Beutetiere auf seinem Speiseplan, da ist er gar nicht wählerisch. Dass Frösche seine Lieblingsnahrung sind, wie immer wieder angenommen wird, stimmt nicht. Der Weißstorch frisst, was sich ihm bietet, etwa Regenwürmer, Molche, Eidechsen, Schlangen, Maulwürfe und Ratten. Regenwürmer bilden den Hauptteil der Nahrung für die ganz jungen Störche.

Auch Aas verschmäht der Weißstorch nicht, und wenn sich ihm die Gelegenheit bietet, erbeutet er sogar Eier und Küken anderer Vögel.

Immer dem Traktor nach!

Manchmal kannst Du Weißstörche beobachten, die einem pflügenden Traktor folgen. Sie machen das, um aufgescheuchte Mäuse und andere Tiere zu fangen.

Diese beiden Abdimstörche suchen im Gras nach Insekten

Es gibt auch Storchenarten, die eine bestimmte Nahrung bevorzugen, also wählerischer sind als unser Weißstorch. Den Abdimstorch hast Du ja bereits kurz kennengelernt. Er frisst am liebsten Insekten. Die findet er in seinen trockenen Lebensräumen, den Halbwüsten und Steppen südlich der Sahara und den Savannen in Südafrika, in Hülle und Fülle. Neben Heuschrecken stehen auch Raupen von Schmetterlingen und Käfer auf seinem Speisezettel.

Weißstörche folgen einem pflügenden Traktor, um aufgescheuchte Tiere zu fangen

Der afrikanische Mohrenklaffschnabel mit einer erbeuteten Schnecke

Der Schwarzstorch hat einen leckeren Fisch erwischt

Ein weiteres Beispiel für eine Storchenart, die eine bestimmte Beute bevorzugt, ist der ebenfalls in Afrika lebende Mohrenklaffschnabel. Den sonderbaren Namen verdankt dieser dunkle Storch seinem eigenartigen Schnabel: Ist dieser geschlossen, liegen seine Hälften nämlich nur vorn und hinten dicht aufeinander. In der Mitte klafft eine schmale Lücke. Wozu das so ist, weiß man bisher noch nicht genau. Die Lücke scheint aber etwas mit der bevorzugten Nahrung des Mohrenklaffschnabels zu tun zu haben, dem Fleisch verschiedener Wasserschnecken. Er nutzt die Lücke allerdings nicht

Insekten auf dem Speisezettel

Der Weißstorch frisst auch Insekten. Deshalb sucht er gern die Nähe von Kühen und anderem Weidevieh, da sie die Krabbeltiere aufscheuchen. Vogelkundler im damaligen Ostpreußen haben den Mageninhalt verschiedener Weißstörche untersucht und kamen zu folgendem Ergebnis: Ein Weißstorch hatte 76 Maikäfer gefressen, ein anderer 730 Blattwespenlarven und ein dritter 1 315 Feldheuschrecken.

Als Zugvogel überwintert der Weißstorch in Afrika. Dort spielen Insekten sogar die Hauptrolle in seiner Ernährung. Besonders oft frisst er die in riesigen Schwärmen umherziehenden Wanderheuschrecken. Aus diesem Grunde nennen ihn manche Afrikaner auch „Heuschreckenvogel“.

Durch „Flügelmanteln" kommt der Schwarzstorch leichter an seine Beute

als „Nussknacker", mit dem er das feste Schneckenhaus aufbricht. Dieser Storch gelangt an das Schneckenfleisch, indem er den Muskel durchtrennt, mit dem es mit der Gehäusewand verbunden ist. Anschließend zieht er die Nahrung mit seiner Schnabelspitze aus dem Gehäuse heraus.

Der Mohrenklaffschnabel hält sich gern dort auf, wo Flusspferde den schlammigen Grund von Flüssen und Seen aufwühlen. Wahrscheinlich kommt er dadurch besser an seine Lieblingsnahrung heran.

Der Schwarzstorch ist stärker ans Wasser gebunden als sein naher Verwandter, der Weißstorch. Nur selten erbeutet er beispielsweise eine Eidechse oder eine Maus.

Durch „Flügelmanteln" zur Beute

Beim gemächlichen Schreiten durch das seichte Wasser eines Baches oder Teiches breitet der nahrungssuchende Schwarzstorch immer mal wieder seine großen Flügel aus. Dieses Verhalten bezeichnen Vogelkundler als „Flügelmanteln". Zum einen wirft der Vogel damit Schatten, sodass keine störenden Lichtreflexionen auf der Wasseroberfläche entstehen. Diese würden den Schwarzstorch blenden und es ihm erschweren, einen Fisch zu entdecken. Zum anderen könnte das durch den Flügelschatten abgedunkelte Wasser dem Fisch eine Höhle vortäuschen, in die er sich flüchten will. Dann hat der hungrige Schwarzstorch leichtes Spiel und ergreift seine Beute unter sich ganz schnell mit dem Schnabel. Auch andere Storchenarten wenden diese Jagdmethode an, etwa der in Afrika lebende Nimmersatt.

Auf der Suche nach Fressbarem hat dieser Weißstorch das Küken einer Graugans erwischt

Mit lautem Schnabelklappern begrüßt sich das Storchenpaar auf dem Horst

Familienleben der Störche

Die meisten Störche brüten auf Bäumen. Das Nest, der Horst, besteht vorwiegend aus Zweigen und Ästen. Manche Storchenarten wie der Marabu und der Abdimstorch nisten in Kolonien. Andere ziehen es vor, einzeln zu brüten. Dazu gehören etwa der Sattelstorch und der Schwarzstorch. Wir wollen uns jetzt einmal das Familienleben unseres Weißstorches etwas näher ansehen.

Auch der Weißstorch brütete früher meist auf Bäumen. Im Lauf der Zeit hat er sich aber so an den Menschen angepasst, dass er immer häufiger auf Hausdächern, Schornsteinen, Kirchtürmen und Leitungsmasten nistet. Heute brüten unsere Weißstörche meist einzeln. Das war nicht immer so. Einst gab es nicht selten größere Storchenkolonien. Manchmal lebten in einem Dorf bis zu fünfzig Brutpaare! Heute ist das kaum noch möglich. Durch die Zerstörung von Feuchtgebieten und anderen wichtigen Lebensräumen ist einfach nicht mehr genügend zu fressen vorhanden, um mehrere dicht beieinander lebende Storchenfamilien satt zu machen.

Untermieter

Manchmal ist der riesige Horst nicht nur Wohnung des Weißstorches, sondern auch anderer Vögel wie Stare, Spatzen und Dohlen. Sie finden zwischen den Ästen und Zweigen genügend Platz, ihre eigenen Nester zu bauen.

Das große Nest des Weißstorches wird in jedem Jahr erneut ausgebessert und vergrößert. Es ist ja durch die Jungstörche des letzten Jahres und den langen Winter stark in Mitleidenschaft gezogen worden. Einige

Horste können auf diese Weise zwei bis drei Meter hoch werden und ein Gewicht von sage und schreibe zwei Tonnen erreichen, das sind 2 000 Kilogramm!

Auch das etwas später aus Afrika zurückkommende Weibchen fliegt zum alten Nest, wo das Männchen bereits wartet und seine Partnerin mit lautem Schnabelklappern begrüßt. Bald danach paaren sich die beiden auf dem Horst. Doch davor balzen sie noch unter gemeinsamem Geklappere.

Nach der Paarung legt das Weibchen drei bis fünf weiße, fein gekörnte Eier. So ein Storchenei ist fast doppelt so groß wie ein Hühnerei! Männchen und Weibchen brüten abwechselnd. Die Jungen schlüpfen nach etwa einem Monat und brauchen noch zwei weitere Monate, bis sie selbstständig sind. Beide Störche kümmern sich um den Nachwuchs. Während der eine am Horst Wache hält und die Küken vor Kälte, Hitze, Regen und Feinden schützt, geht der andere auf Nahrungssuche.

Die Eier des Weißstorches sind weiß wie Hühnereier, aber fast doppelt so groß

Streit um Nistplatz

Nach der Winterpause in Afrika kommen die Weißstörche im März oder April wieder in ihre Brutgebiete zurück: zuerst die Männchen, dann einige Tage später auch die Weibchen. Meist kehrt jedes Männchen zu seinem Horst aus dem Vorjahr zurück. Wenn sich dort allerdings bereits ein anderes Männchen niedergelassen hat, kommt es unter lautem Klappern und heftigen Schnabelhieben zu Kämpfen, die nicht immer ohne Verletzungen ausgehen. Ist der Eindringling schließlich vertrieben, beginnt der Nestbesitzer gleich mit dem „Frühjahrsputz".

Jedes Jahr bessert das Storchenpaar sein Nest mit neuem Nistmaterial aus

Die hungrigen jungen Weißstörche sind schon etwas größer und brauchen viel zu fressen!

Zuerst füttern die Eltern ihre Jungen vor allem mit Regenwürmern, später dann auch mit Fröschen, Mäusen und anderen Tieren. Sie haben viel zu tun, um Nahrung für sich und den immer hungrigen Nachwuchs herbeizuschaffen. Wissenschaftler haben einmal ausgerechnet, dass eine sechsköpfige Storchenfamilie an einem Tag bis zu drei Kilogramm Beute braucht – das entspricht etwa 156 Mäusen oder 6 600 Regenwürmern!

Im August können die jungen Störche schon prima fliegen. Sie entfernen sich dann immer weiter von ihrem Horst, bis sie sich schließlich – noch vor ihren Eltern – auf die lange Reise in das afrikanische Winterquartier begeben. Dort bleiben sie allerdings drei bis vier Jahre. Erst wenn sie sich fortpflanzen können, wandern die Weißstörche dorthin zurück, wo sie einst aus dem Ei schlüpften, um selbst eine Familie zu gründen.

Gleich drei Storchenpaare nisten hier auf dem Dach einer Scheune

Ehe auf Zeit

Haben sich zwei Weißstörche gefunden, bleiben sie mindestens eine Brutsaison zusammen. Sie führen also eine Ehe auf Zeit, eine sogenannte Saisonehe. Oft treffen sich die Partner aber im nächsten Jahr wieder, denn ihre Bindung an den Nistplatz ist sehr groß. Und so kommt es gar nicht selten vor, dass sich ein Storchenpaar mehrere Jahre lang – manchmal auch das ganze Leben – die Treue hält. Aus der Saisonehe ist dann eine Dauerehe geworden.

Nicht ganz ungefährlich für den Weißstorch ...

Mensch und Storch

Störche, diese großen und auffallenden Vögel, waren schon seit jeher von besonderer Bedeutung für den Menschen. Wir freuen uns, wenn der Weißstorch wieder aus Afrika zurückkommt und heißen ihn als Frühlingsboten herzlich willkommen. Früher, als es noch Stadtmauern mit Wachtürmen gab, blies der Turmwächter beim Anblick des ersten zurückkehrenden Weißstorches ganz laut seine Trompete. Die Kinder bekamen daraufhin schulfrei und übermittelten allen die freudige Botschaft. Als Belohnung erhielten sie von den Erwachsenen Kekse und anderes Naschwerk.

Der Weißstorch bringt die Babys?

Nach einem alten Märchen, das wahrscheinlich aus dem achtzehnten Jahrhundert stammt, soll der Weißstorch den Menschen die Babys bringen. Dieser Geschichte zufolge beißt er der werdenden Mutter ins Bein, damit sie sich ins Bett legen muss. Dann holt er das Baby aus einem Brunnen und bringt es zu ihr. Sahen Kinder früher einen Storch, sangen sie: „Storch, Storch, du Guter, bring mir einen kleinen Bruder! Storch, Storch, du Bester, bring mir eine kleine Schwester!“ Manchmal legten die Kinder noch ein Stückchen Zucker auf die Fensterbank, um Meister Adebar anzulocken.

Einst schrieben die Menschen dem Weißstorch Eigenschaften zu, an die auch heute noch manche glauben. So galt er vielen als Glücksbringer. Die Menschen brachten Wagenräder waagerecht auf ihren Dächern an, damit der große Vogel darauf seinen Horst baute. Manche glaubten, ein Storch auf dem Dach würde die Bewohner vor Blitz, Feuer und anderem Unglück schützen.

Unsere Weißstörche sind Zugvögel, die den Winter zum großen Teil in Afrika verbringen. Das haben Vogelkundler, die sogenannten Ornithologen, mit besonderen Forschungsmethoden herausgefunden, wie Du später

Dieser Storch hat eine Verletzung am Flügel und kann darum nicht fliegen. In einer Auffangstation wird er gepflegt. Damit er trotz seiner Behinderung Junge aufziehen kann, haben ihm die Mitarbeiter dort eine Nistgelegenheit direkt am Boden geschaffen.

In seltenen Fällen bleibt der Weißstorch auch im Winter hier

noch genauer erfahren wirst. Früher wussten die Menschen das natürlich noch nicht, und sie haben sich gefragt, warum die Weißstörche im Winter nicht da waren. Dabei kamen sie auf die tollsten Ideen. Einige glaubten, die Weißstörche hielten einen Winterschlaf am Grund der Ostsee. Andere waren der Meinung, sie würden sich in der kalten Jahreszeit in Mäuse verwandeln. Doch Anfang des neunzehnten Jahrhunderts brachten die sogenannten Pfeilstörche den Menschen erste Hinweise darauf, wo die Weißstörche das Winterhalbjahr verbringen. Was es mit diesen Pfeilstörchen auf sich hat, erfährst Du unten auf dieser Seite.

Wegen seiner dunklen Farbe gilt der Schwarzstorch manchen Menschen als Unglücksbringer

Nicht nur in ihrem Winterquartier sind die Weißstörche Gefahren ausgesetzt. Auch bei uns kommt es immer wieder zu Verletzungen dieser prachtvollen Vögel. Drei Beispiele: Sie brechen sich die Flügel, wenn sie gegen die riesigen Rotorblätter von Windkraftanlagen fliegen. Sie erleiden Verletzungen, wenn sie bei der Nahrungssuche am Straßenrand von vorbeifahrenden Autos angefahren werden. Sie verheddern sich, wenn sie durch einen Teich mit abgerissenen Angelschnüren waten.

Dank des Einsatzes vieler Storchenfreunde kann den verletzten Vögeln aber geholfen werden. So ein „Storchenvater" lebt beispielsweise in der kleinen Gemeinde Berne in Niedersachsen. Mit seiner Frau zusammen betreibt er die „Storchenpflegestation Wesermarsch". Schau dazu doch mal ins Internet unter der Adresse: www.storchenstation.de. Gelingt es, einen verletzten Weißstorch wieder gesund zu pflegen, freuen sich die Storchenfreunde natürlich ganz besonders und entlassen den geheilten Vogel zurück in die Freiheit.

Während dem Weißstorch positive Eigenschaften zugeschrieben werden, sieht das bei seinem nächsten Verwandten, dem Schwarzstorch, ganz anders aus. Seiner schwarzen Federn wegen galt dieser Vogel vom Mittelalter bis in die Neuzeit als Künder von Krankheit, Feuer, Krieg und anderem Unheil. Immer wieder verfolgten und töteten ihn die Menschen. Noch heute wird der Schwarzstorch in der Ukraine mit Unglück in Zusammenhang gebracht. Ob er deshalb so scheu geworden ist und sich in die Wälder zurückgezogen hat?

Eine große Gefahr für den Weißstorch sind die Rotorblätter von Windkraftanlagen

Pfeilstörche aus Afrika

Im Jahr 1822 wurde ein Weißstorch erlegt, der auf dem Strohdach eines Hauses in Mecklenburg stand. Dieser Vogel war etwas ganz Besonderes: Er hatte einen achtzig Zentimeter langen Pfeil in seinem Gefieder stecken. Wie sich herausstellte, stammte dieser Pfeil aus Afrika. Der Weißstorch hatte den Angriff von Jägern überlebt und konnte nach Europa zurückfliegen. Mittlerweile sind 25 derartiger Pfeilstörche bekannt. Einer davon ist im Zoologischen Institut der Universität Rostock zu besichtigen. Solche Pfeilstörche brachten die Menschen auf den richtigen Gedanken, die Tiere müssten den Winter wohl in Afrika zugebracht haben. Hier siehst Du einen Marabu, der durch einen Pfeilschuss verletzt wurde.

Brüten auf einem Hochspannungsmast ist lebensgefährlich!

Gefährdung und Schutz der Störche

Das Leben unserer Störche ist voller Gefahren. Schauen wir uns einmal etwas näher an, worunter der Weißstorch zu leiden hat.

Unser Weißstorch braucht feuchte Wiesen und Weiden, Teiche und natürliche Flussläufe zum Leben. Nur dort findet er ausreichend Nahrung für sich und seinen Nachwuchs. Wenn aber beispielsweise Feuchtwiesen entwässert und in Raps- oder Maisfelder umgewandelt werden, verschwinden Insekten, Regenwürmer, Frösche und andere Beutetiere des Weißstorches.

Wichtig ist auch, dass die Lebensräume nicht durch Straßen, Wege oder Häuser zergliedert werden. Eine Weißstorchfamilie braucht nämlich eine größere, zusammenhängende Fläche, um sich mit Nahrung versorgen zu können. Diese Fläche darf auch nicht zu weit vom Horst entfernt sein, denn die Storcheneltern suchen die Nahrung für ihren frisch geschlüpften Nachwuchs bevorzugt in einem Umkreis von nur wenigen hundert Metern um das Nest herum. Damit sich unsere Weißstörche wohlfühlen, müssen ihre Lebensräume also geschützt werden.

Eine weitere große Gefahr für den Weißstorch sind die vielen Hochspannungsmasten und -leitungen. Die gibt es natürlich nicht nur bei uns, sondern auch in anderen Ländern, wo er auf seinen langen Wanderungen

Im Maisfeld findet der Weißstorch nur wenig zu fressen

Bei einer Störung könnte der empfindliche Schwarzstorch seine Brut verlassen

Rast macht oder überwintert. Wenn der Weißstorch gegen diese Masten oder Kabel fliegt, darauf rastet oder gar brütet, kommt es häufig zu Todesfällen durch Stromschlag. An freien Hochspannungsleitungen verletzt sich fast jeder zehnte junge Storch bei seinen ersten Flugversuchen tödlich. Wenn man die Stromkabel – wenigstens teilweise – in die Erde verlegen könnte, wäre das schon eine große Hilfe für Meister Adebar. Auch andere Großvögel wie der Schwarzstorch und der Fischadler würden davon profitieren.

Lebensraumschutz für den Weißstorch

Der Weißstorch braucht natürliche Feuchtgebiete zum Leben. Der Mensch darf dort nicht eingreifen. Wenn die Biotope bereits geschädigt sind, sollte der ursprüngliche Zustand wiederhergestellt werden. Um Storchenlebensräume vor der Zerstörung zu bewahren, sammeln Naturschutzorganisationen Spendengelder und kaufen damit diese Gebiete auf. So hat beispielsweise der Bund für Umwelt und Naturschutz Deutschland (BUND) in Hamburg eine Storchenwiese erworben, die er regelmäßig bewässert und so schön feucht hält. Dort fühlt sich der Weißstorch dann besonders wohl.

Auch in Afrika ist der Weißstorch manchen Gefahren ausgesetzt, beispielsweise der Jagd

Das Leben in ihren afrikanischen Überwinterungsgebieten ist für die Weißstörche ebenfalls nicht ungefährlich. So fallen sie immer wieder Jägern zum Opfer und landen anschließend in den Kochtöpfen einheimischer Bauern und Hirten. Häufig sterben die überwinternden Weißstörche an Vergiftung, wenn sie die dort in riesiger Zahl vorkommenden Wanderheuschrecken fressen. Diese Insekten werden nämlich mit Giften bekämpft und sind deshalb für die Weißstörche unbekömmlich. Hauptgefahrenquelle ist aber auch in Afrika die Vernichtung von Lebensräumen, beispielsweise durch Entwässerung von Feuchtgebieten und durch Ausbreitung von Wüsten.

Natürlich ist nicht nur der Weißstorch gefährdet. Auch der Schwarzstorch leidet unter uns Menschen. Lebensraumverlust ist die Hauptursache für die Bedrohung seiner Bestände.

Lebensraumschutz für den Schwarzstorch

Es gibt viele Möglichkeiten, dem scheuen Schwarzstorch zu helfen. Hier einige Beispiele: Es sollten keine Bäume in der Nähe des Horstes gefällt werden. Auch dürfen Wanderer auf keinen Fall zum Neststandort gehen. Sonst könnte der empfindliche Vogel seine Brut verlassen. Damit der Schwarzstorch genügend zu fressen findet, müssen seine Lebensräume geschützt oder wiederhergestellt werden. Beispielsweise dürfen Flüsse und Bäche nicht begradigt und befestigt werden. Feuchte Waldwiesen dürfen nicht mit Bäumen bepflanzt werden. Auch dürfen im Lebensraum des Schwarzstorchs keine Insektengifte und Pflanzenvernichtungsmittel eingesetzt werden, sonst stirbt dieser schöne Vogel an Vergiftung, wenn er seine Nahrung aufnimmt.

Hier fühlt sich die Storchenfamilie wohl

Einen fliegenden Kranich kannst Du oft gut an seinen trompetenartigen Rufen erkennen und von Störchen unterscheiden

Störche beobachten

Da unsere Störche in Afrika überwintern, kannst Du sie in Mitteleuropa nur im Sommerhalbjahr beobachten. Sie sind von etwa Anfang April bis Ende August hier. Um einen Schwarzstorch zu sehen, musst Du schon viel Glück haben, denn er ist selten, sehr scheu und lebt zurückgezogen in tiefen Wäldern. Leichter lässt sich der Weißstorch beobachten. Es gibt bei uns sogar verschiedene Storchenzentren, wo Du die prachtvollen Vögel gut sehen kannst und viel Wissenswertes über sie erfährst.

Willst Du einen Weißstorch auch außerhalb der Storchenzentren beobachten, musst Du zusammen mit Deinen Eltern seinen Lebensraum aufsuchen. Also etwa eine feuchte Wiese oder den Uferbereich eines Sees oder Teiches. Dort sucht er nach Fröschen und anderer Nahrung. Erkundige Dich aber vor dem Betreten dieses Gebietes, ob Du das darfst. Es kann sich ja beispielsweise um ein privates Grundstück oder um ein streng geschütztes Naturschutzgebiet handeln.

Natürlich ist es besonders faszinierend, eine Storchenfamilie im Nest zu beobachten. Halte aber bitte einen Abstand von mindestens fünfzig Metern ein, um die Weißstörche nicht bei ihrem Brutgeschäft zu stören.

Weißstörche kannst Du dabei beobachten, wie sie am Ufer eines Sees nach Fressbarem suchen

Mit einem Fernglas kannst Du auch fliegende Störche gut beobachten. Doch ist es tatsächlich ein Weißstorch, den Du da gerade siehst? Oder fliegt da ein Graureiher oder sogar ein Kranich? Das kannst Du ganz einfach unterscheiden: Während beim Weißstorch der Hals im Flug ausgestreckt ist, ist er beim Graureiher eingezogen. Bei einem fliegenden Kranich ist der Hals zwar auch ausgestreckt, aber länger als beim Weißstorch. Auch die nach hinten gestreckten Beine des Kranichs sind etwas länger. Außerdem kannst Du einen Kranich im Flug meist gut an seinen trompetenartigen Rufen erkennen. Der Graureiher macht sich oft durch ein heiseres und lautes „Kräich“ bemerkbar. Der Weißstorch dagegen gibt beim Fliegen keinen „Pieps“ von sich.

Im Flug hat der Weißstorch seinen Hals ausgestreckt

Es gibt noch eine weitere Möglichkeit, Weißstörche im Nest zu beobachten: mithilfe einer Webcam. Das ist eine beim Storchenhorst angebrachte Video-Kamera, die das Familienleben der Storchenfamilie filmt, ohne sie weiter zu stören. Die Bilder kannst Du dann im Internet sehen. Gib einfach bei Google „Storchen Webcams“ ein. Dann erhältst Du verschiedene Adressen.

Da eine Webcam alles aufzeichnet, was im Storchennest passiert, siehst Du vielleicht auch Dinge, die auf den ersten Blick recht grausam erscheinen. So werfen die Storcheneltern manchmal einen Teil ihres Nachwuchses einfach aus dem Nest. Der Grund dafür: Es gibt zu wenig Nahrung, um alle Storchenkinder großzuziehen. Darum versorgen die Eltern lieber nur ein oder zwei Junge mit dem wenigen Futter, die dann aber dafür überleben und kräftig werden. Würden sie alle Junge behalten, würden diese letztlich sämtlich verhungern.

Storchenzentren

Der Naturschutzbund Deutschland (NABU), dessen Wappenvogel übrigens der Weißstorch ist, betreut folgende Storchenzentren: Bergenhusen in Schleswig-Holstein und Linum, Rathsdorf, Rühstädt und Vetschau in Brandenburg. Besonders viele Weißstörche brüten in Rühstädt. Es sind bis zu dreißig Paare. Eine sehr interessante Storchenausstellung findest Du in Bergenhusen. In diesem Storchendorf ziehen jedes Jahr bis zu sechzehn Weißstorchen-Paare ihren Nachwuchs groß. Du kannst die Vögel bei der Nahrungssuche und beim Füttern beobachten oder zuschauen, wie die jungen Störche ihre ersten Flugversuche unternehmen. Auch in der Schweiz und in Österreich gibt es Storchendörfer: in der Schweiz Altreu im Kanton Solothurn und in Niederösterreich Marchegg im Bezirk Gänserndorf.

In manchen Zoos kannst Du den Sattelstorch ganz aus der Nähe sehen

Während des Fluges hat der Graureiher seinen Hals eingezogen

Willst Du auch im Winter Störche sehen, besuche einen Zoo, einen Wildpark oder einen Vogelpark. Oft sind die Störche dort wegen Krankheit oder Verletzung nicht mehr flugfähig und werden dann in diesen Tiergärten ganzjährig gepflegt. Andere bleiben freiwillig auch im Winter hier. Manchmal kannst Du dort sogar Störche aus anderen Kontinenten bewundern. Etwa den kleinen Abdimstorch, den riesigen Sattelstorch oder den Marabu mit seinem mächtigen Schnabel. Alle drei Arten sind, wie Du schon weißt, in Afrika zu Hause.

Ein Fernglas hilft beim Beobachten

Mit einem Fernglas kannst Du auch weiter entfernte Weißstörche beobachten. Es sollte nicht zu schwer sein, denn Du musst es ja immer bei Dir tragen. Gut zur Vogelbeobachtung geeignet ist ein Glas mit acht- bis zehnfacher Vergrößerung. Damit siehst Du auch Einzelheiten, wie etwa den kleinen Frosch, der gerade an einen Jungvogel verfüttert wird, oder den Spatz, der als Untermieter im Horst lebt. Schau nie mit dem Fernglas direkt in die Sonne, denn das ist sehr gefährlich für Deine Augen!

Silberreiher im eleganten Flug

Extra: Fast wie Störche

In diesem Kapitel möchte ich Dir vier Arten vorstellen, die früher wie die Störche zu den Schreitvögeln gezählt wurden. Auch wenn wir heute wissen, dass sie doch nicht ganz so nah mit Störchen verwandt sind, so ähneln sie diesen in ihrem Körperbau und in ihrer Lebensweise doch teilweise recht stark. Die Arten heißen Graureiher, Silberreiher, Rohrdommel und Löffler. Woran erkennst Du sie? Wo kannst Du diese Vögel beobachten? Wie leben sie?

Graureiher warten darauf, einen Fisch zu erbeuten

Fischdiebe?

Manche Teichwirte, also Menschen, die Fische züchten, um diese später zu verkaufen, mögen Graureiher überhaupt nicht. Sie meinen, diese Vögel würden ihnen die Fische wegfangen. Doch die Graureiher fressen bevorzugt Fische, die sie im flachen Wasser erbeuten können, etwa verschiedene Arten von Weißfischen. Die aber sind für die Teichwirte nur selten von Interesse. Aale und Hechte dagegen kommen als Beute kaum infrage. Aale leben eher versteckt und sind meist nachts unterwegs. Hechte bewegen sich nur wenig und werden deshalb von den Graureihern häufig übersehen. Ein Schutz vor dem Graureiher ist beispielsweise ein Drahtzaun um den Teich. Dann kann der Vogel nicht ins Wasser schreiten.

Graureiher

Der Graureiher, manchmal auch Fischreiher genannt, ist etwas kleiner als der Weißstorch. Wie sein Name schon sagt, hat er überwiegend graue Federn. Seine Unterseite und sein langer Hals sehen eher weißlich aus. Am hellen Kopf hat der Graureiher auf jeder Seite einen schwarzen Streifen. Besonders auffallend sind die langen, schwarzen Schmuckfedern am Nacken. Der lange Schnabel des Graureihers ist gelblich oder orange gefärbt. Die langen Beine sehen schmutzig braun aus.

Graureiher sind häufige Vögel, und deshalb wird es Dir bestimmt nicht schwerfallen, sie zu beobachten. Sie leben dort, wo sie ihre großen Nester bauen können und wo ausreichend Nahrung vorhanden ist. Das kann sowohl auf dem Land als auch in der Stadt der Fall sein. Du findest Graureiher an Teichen, Seen, Bächen und Flüssen, aber auch in Sümpfen, auf Wiesen und Äckern sowie an der Küste. Oft triffst Du sie auch freilebend in Zoos, wo sie sich gerne pünktlich zu den Fütterungszeiten einfinden, um Pinguinen oder Robben die Futterfische vor der Nase wegzuschnappen.

Gern fressen die Graureiher Fische, Frösche, Mäuse, Schnecken, Krebse und größere Insekten wie Libellen. Spannend ist es, einem Graureiher beim Fischfang zuzuschauen: Er steht entweder unbeweglich im seichten Wasser in der Nähe des Ufers und wartet auf seine Beute, oder er pirscht sich langsam heran. Ist der Fisch nah genug, stößt der Graureiher rasch mit seinem kräftigen, spitzen Schnabel zu.

Graureiher sind elegante Flieger

Schnell schnappt sich der Graureiher diesen großen Fisch

Ein Graureiherpaar auf seinem großen Baumnest

Wie unsere Störche brauchen auch die Graureiher ein sehr großes Nest zum Brüten. Das Männchen bringt Äste und Zweige herbei und das Weibchen baut daraus den Horst. Dieser befindet sich oft oben in den Kronen alter Bäume. Manchmal nisten Graureiher auch im Schilfröhricht eines Gewässers. Ist genügend Nahrung vorhanden und sind die Nistplätze gut geschützt, wie beispielsweise auf einer Insel im See, brüten Graureiher gern in kleineren oder größeren Kolonien.

Ab März beginnt das Weibchen mit der Ablage der drei bis fünf blaugrünen Eier. Beide Eltern brüten rund vier Wochen und kümmern sich auch später gemeinsam um die Jungvögel. Sie bringen Futter herbei und schützen ihren Nachwuchs vor dem Habicht und anderen Feinden. Erst im Alter von einem Monat verlassen die jungen Graureiher den Horst. Dann brauchen sie noch einmal rund vier Wochen, bis sie so gut fliegen, dass sie ihr Leben selbstständig meistern können.

Fütterung der jungen, hungrigen Silberreiher

Silberreiher

Der Silberreiher hat ein silbrig weißes Gefieder. Daher kommt sein Name. Der Hals und die dunklen Beine dieses eleganten Vogels sind etwas länger als beim Graureiher. Ab April, während der Brutzeit, ist der Silberreiher mit langen, über den Schwanz hängenden Schulterfedern geschmückt. Wie alle Reiher fliegt auch der Silberreiher mit s-förmig gekrümmtem Hals.

Silberreiher sind weltweit verbreitet. In Europa brüten sie vor allem in Ungarn und anderen südosteuropäischen Ländern. Aber auch in Polen und in den Niederlanden gibt es Brutplätze. Viele Silberreiher brüten am Neusiedler See in Österreich. In Deutschland dagegen tun sich die Silberreiher bisher schwer mit dem Brüten. Warum das so ist, wissen die Vogelkundler nicht genau. Erst im Jahr 2012 konnte eine Brut in Deutschland nachgewiesen werden.

Wenn Du besonders im Herbst und im Winter Silberreiher bei uns siehst, dann sind das nur Gäste. Zum Frühjahr fliegen sie wieder in ihre Brutgebiete zurück. Die grazilen Vögel verbringen auch deshalb einen

großen Teil des Jahres hier, weil sie viel zu fressen finden: Fische, Frösche, Eidechsen, Mäuse und große Insekten.

Wenn Silberreiher Hochzeit feiern wollen, balzen sie und bringen sich so in Paarungsstimmung. Dabei spreizen sie die zarten, mit langen, dünnen Seitenästen versehenen Schmuckfedern radförmig ab.

Silberreiher bauen ihren Horst im Schilfröhricht größerer Seen. Nur selten finden sich ihre Nester auf Bäumen wie bei den Graureihern. Beide Partner beteiligen sich am Nestbau. Gern brüten Silberreiher dicht an dicht in Kolonien, manchmal aber auch einzeln. Das Weibchen legt drei bis fünf hellblaue Eier. Beide Eltern brüten rund vier Wochen lang und kümmern sich anschließend noch sieben bis acht Wochen um den Nachwuchs.

Schmuckfedern für Damenhüte

Leider wurden ihre schönen Schmuckfedern den Silberreihern besonders in Südosteuropa zum Verhängnis. Im neunzehnten und zu Beginn des zwanzigsten Jahrhunderts war es bei den Damen nämlich Mode, Hüte mit Silberreiher-Schmuckfedern zu tragen. Die armen Vögel wurden deshalb in großer Zahl geschossen, und die Bestände drohten, völlig zusammenzubrechen. Erst in letzter Minute verbot man die Jagd, stellte die Silberreiher unter Schutz und bewachte ihre Nester. Dadurch konnten sich die Bestände allmählich wieder erholen.

Die scheue Rohrdommel lebt bevorzugt im Schilfröhricht

Ein Ochse im Moor?

Die Balzrufe der Rohrdommel-Männchen, ein dumpfes „Whuump", sind schon ab Mitte Februar zu hören. Sie erinnern ein wenig an den Klang eines Nebelhorns: Damit machen Schiffe im Nebel auf sich aufmerksam. Die tiefen Balzrufe, die drei- bis achtmal wiederholt werden, sind bis zu fünf Kilometer weit zu hören. Im Volksmund wird die Rohrdommel auch „Moorochse" genannt, weil sich ihre seltsamen Laute wie das Gebrüll von Ochsen anhören.

Rohrdommel

Die Rohrdommel, ein gelbbrauner Reiher, ist von gedrungener Gestalt und etwas kleiner als der Graureiher. Auch hat die Rohrdommel einen dickeren und kürzeren Hals und kürzere Beine. Das Männchen ist größer als das Weibchen. Wie schon aus ihrem Namen hervorgeht, lebt die Rohrdommel bevorzugt im Schilfrohr. Bei Gefahr nimmt sie die sogenannte Pfahlstellung ein. Dabei streckt sie Hals und Schnabel senkrecht nach oben und ist so prima getarnt. Die Rohrdommel sieht dann ähnlich wie die Schilfhalme in ihrer Umgebung aus.

Die Rohrdommel ist sehr scheu und lebt versteckt im Schilfröhricht von Sümpfen, Seen und Teichen. Sie frisst Fische, Frösche, Wasserinsekten, manchmal auch Mäuse und kleine Vögel. Leider ist die Rohrdommel sehr selten geworden. Das liegt zu einem großen Teil an der Zerstörung ihrer Lebensräume, beispielsweise durch Entwässern von Feuchtgebieten oder durch das Abmähen von Schilf. Du musst schon viel Glück haben, eine Rohrdommel zu sehen. Aber vielleicht hörst Du ja mal eine. Gern rufen die Männchen in der Abenddämmerung, und das klingt wirklich ganz außergewöhnlich, wie Dir auch Eule Xabi im Kasten links zu berichten weiß.

Wenn genügend Weibchen in der Nähe sind, paart sich ein Rohrdommel-Männchen im Laufe der Brutsaison mit mehreren von ihnen. Es können bis zu fünf sein. Die Nester liegen meist nicht weit voneinander entfernt im Schilfröhricht. Sie bestehen aus Schilfhalmen und sind innen mit Blättern und Gras ausgepolstert. Für den Nestbau, das Brüten und die Fütterung der Jungen ist allein das Weibchen zuständig. Es legt ab Mitte April drei bis fünf olivbraune Eier. Nach knapp vier Wochen schlüpfen die Jungen, die dann noch ungefähr zwei Monate brauchen, bis sie selbstständig sind und für sich sorgen können.

Durch die Pfahlstellung ist die Rohrdommel bestens getarnt

Löffler

Der Löffler, ein großer Vogel, sieht aus der Ferne wie ein weißer Reiher aus. Sein Hals ist allerdings im Flug gestreckt und nicht eingezogen wie beim Reiher. Der Löffler hat lange, dunkle Beine und einen langen, schwarzen Schnabel mit gelber Spitze. Schaust Du Dir diesen Vogel einmal aus der Nähe an, fällt Dir bestimmt eine Besonderheit seines Schnabels auf, die Dir Eule Xabi auf Seite 39 näher vorstellt.

Löffler leben in Feuchtgebieten. Sie brüten gern in Kolonien. Ihre Nester bauen sie oft in Sümpfen, auf Feuchtwiesen oder im Schilfröhricht von Seen. Manchmal nisten diese Vögel auch auf Büschen und Bäumen. Willst Du einen Löffler nicht nur im Zoo sehen, sondern in freier Natur, ist das gar nicht so einfach. Löffler sind bei uns nämlich ziemlich selten. Die beste Chance, so einen Vogel zu beobachten, hast Du an der Nordseeküste.

Mit seinem riesigen, löffelförmigen Schnabel geht der Löffler auf Nahrungssuche

Ein Löffler mit zwei Jungvögeln auf seinem Nest im Schilfröhricht

Erst seit wenigen Jahren brüten Löffler in Deutschland. Diese Paare stammen von einer großen Brutkolonie in den Niederlanden und haben sich im Wattenmeer auf einigen norddeutschen Inseln angesiedelt. Ein Beispiel ist die Nordseeinsel „Trischen“. Dort gibt es eine kleine Löfflerkolonie, um die sich der NABU intensiv kümmert. Zur Paarungszeit legen diese Vögel ihr sogenanntes Prachtkleid an: ein langer, weißlicher Federschopf am Nacken und orangegelbe Federn an der Brust. Aus den drei bis fünf Eiern schlüpfen nach etwa drei Wochen die Küken, die dann noch sechs bis sieben Wochen von den Eltern mit kleinen Krebsen und anderen Wassertieren gefüttert werden.

Außergewöhnlicher Schnabel

Der Löffler hat einen ganz besonderen Schnabel. Er ist an seinem Ende verbreitert und sieht aus wie ein Löffel. Daher hat der Vogel seinen Namen. Der Löffler frisst gern Insekten und Wassertiere wie Krebse, Muscheln, Schnecken, kleine Fische und Frösche. Bei der Nahrungssuche im seichten Wasser taucht er seinen löffelförmigen Schnabel hinein, bewegt ihn langsam hin und her und filtert so Fressbares heraus.

Extra: Die Wanderungen des Weißstorches

Wildgänse, Schwalben und viele andere Vogelarten sind Zugvögel. Sie haben eine sehr erfolgreiche Strategie entwickelt, ungünstigen Lebensbedingungen zu entkommen: Wenn das Wetter ungemütlich wird und es nicht mehr genügend zu fressen gibt, fliegen sie einfach davon. Auch unser Weißstorch macht das so: Werden die Tage kürzer und kühler und reicht das Nahrungsangebot nicht mehr aus, wandert er in den Süden. Dort herrschen angenehmere Temperaturen, und der Tisch ist auch im Winter reich gedeckt.

Es ist wirklich faszinierend, den wandernden Weißstörchen zuzuschauen

Langstreckenzieher Weißstorch

Der Weißstorch ist ein Langstreckenzieher. Das bedeutet, er legt sehr weite Wege zurück, um in sein afrikanisches Überwinterungsgebiet zu gelangen. Ende August startet er die beschwerliche Reise. Erst im März oder April des folgenden Jahres trifft er wieder in seinem europäischen Brutgebiet ein. Pro Strecke legt ein in Südafrika überwinternder Weißstorch bis zu 10 000 Kilometer zurück, hin und zurück also 20 000 Kilometer. Ist das nicht fantastisch?

Die ersten Hinweise darauf, dass der Weißstorch den Winter in Afrika verbringt, kamen zum einen von den schon erwähnten „Pfeilstörchen“, zum anderen von Händlern, die dort unterwegs waren. Sie sahen viele dieser prächtigen Vögel. Da in Europa zu dieser Jahreszeit keine Weißstörche zu sehen waren, schloss man, dass sie in Afrika überwintern.

Die genauen Flugrouten unserer Weißstörche sind heute gut bekannt. Dieses Wissen verdanken wir unterschiedlichen Forschungsmethoden. Besonders viele Erkenntnisse über die Wanderwege brachte das Beringen der Störche. Diese Methode geht auf den dänischen Lehrer Hans Christian Cornelius Mortensen zurück. Im Jahre 1890 fing er Stare und andere Vögel ein und befestigte kleine Leichtmetallringe an ihren Beinen. Dann ließ er sie wieder fliegen. Die Ringe waren mit einer Seriennummer und einer Rückmeldeadresse versehen. Und tatsächlich: Mortensen erhielt Rückmeldungen von verschiedenen Personen, die die beringten Vögel an den unterschiedlichsten Stellen wiedergefunden hatten. Seit damals sind weltweit ungefähr 200 Millionen Vögel beringt worden. Unfassbar viele also!

Störche mit Sender

Der NABU erforscht den Zug unserer Weißstörche. Er versieht sie mit leichten Sendern, die nur so groß wie eine Streichholzschachtel sind. Durch Satelliten-Telemetrie können die Vogelkundler dann ganz genau verfolgen, wo sich die Weißstörche gerade aufhalten. Schau doch mal unter der Internetadresse www.storchenreise.de nach. Dort kannst Du Dir die Wanderwege einzelner Störche ansehen.

Vogelkundler haben diesen Weißstorch beringt, um sein Wanderverhalten zu untersuchen

Nach einer Rast in einem flachen afrikanischen See fliegt dieser Storchenschwarm weiter

Eine sehr erfolgreiche Methode, den Storchenzug zu erforschen, ist auch die Satelliten-Telemetrie: Die Weißstörche bekommen einen Minisender in einem speziellen kleinen Rucksack auf ihren Rücken. Der Sender überträgt in kurzen Abständen ein Funksignal an einen Satelliten, der es an Bodenstationen weiterleitet. Durch die Satelliten-Telemetrie konnten die Vogelkundler beispielsweise herausfinden, wo die Weißstörche auf ihrem Zug rasten oder wie schnell sie fliegen: Das durchschnittliche Flugtempo eines ziehenden Weißstorchs beträgt etwa fünfzig Kilometer in der Stunde. Das ist so schnell, wie ein Auto in der Stadt fahren darf. Es sind aber auch hin und wieder Geschwindigkeiten von bis zu hundert Stundenkilometern drin. So schnell dürfen Autos auf der Landstraße fahren.

Ein Ring am Bein und ein Sender auf dem Rücken: Dieser Weißstorch wird genau erforscht!

Ein großer Schwarm Weißstörche segelt in den Aufwinden

Diese Weißstörche auf dem abgeernteten Getreidefeld fliegen gleich los nach Afrika

Unsere Weißstörche gelangen auf unterschiedlichen Wegen in ihr afrikanisches Winterquartier. Wenn Du die Zugrouten der Weißstörche betrachtest, stellst Du fest, dass sie das Mittelmeer umfliegen. Das hat einen guten Grund. Diese schweren Vögel bewegen sich gern im energiesparenden Segelflug. Mit einer Flügelspannweite von über zwei Metern sind sie dafür auch wie geschaffen. Als Segelflieger meiden die Weißstörche auf ihrem Flug nach Afrika größere Wasserflächen, da dort kaum Aufwinde entstehen. Deshalb ziehen sie lieber über die Meerenge bei Gibraltar oder über den Bosporus.

Hier legen Weißstörche eine Rast ein

Weststörche und Oststörche

Ein Teil unserer Weißstörche, die sogenannten Weststörche, zieht in südwestlicher Richtung durch Frankreich und Spanien, überquert die Meerenge „Straße von Gibraltar“ und fliegt dann nach Süden in das westafrikanische Überwinterungsgebiet südlich der Sahara. Der andere Teil, die sogenannten Oststörche, wandert in Richtung Südost, überfliegt die Meerenge „Bosporus“ und die Türkei. Dann schwenkt er nach Süden, wandert entlang der östlichen Mittelmeerküste, überquert die Sahara und gelangt schließlich nach Ostafrika, um dort zu überwintern. Viele Weißstörche ziehen aber noch weiter bis nach Südafrika.

Großes Störche Quiz

Du weißt jetzt schon gut Bescheid über Störche. Bestimmt kannst Du Deinen Freunden und Verwandten Spannendes aus dem Leben dieser interessanten Vögel erzählen. Hast Du Lust, Dein Wissen zu testen? Dann kreuze bei jeder Frage die Antwort mit Bleistift an, die Du für richtig hältst. Manchmal sind auch mehrere richtige Antworten möglich. Auf Seite 48 findest Du die richtigen Antworten. Ich wünsche Dir viel Erfolg!

1. Welche Storchenart ist ein Kulturfolger?

a) **Waldstorch** ❍
b) **Schwarzstorch** ❍
c) **Weißstorch** ❍

2. Wie heißt die weltweit größte Storchenart?

a) **Weißstorch** ❍
b) **Riesenstorch** ❍
c) **Sattelstorch** ❍

3. Nenne den Namen der weltweit kleinsten Storchenart!

a) **Schwarzstorch** ❍
b) **Marabu** ❍
c) **Abdimstorch** ❍

4. Wo leben keine Störche?

a) **in der Arktis** ❍
b) **in Afrika** ❍
c) **in der Antarktis** ❍

5. Welche Storchenart lebt in Australien?

a) der Riesenstorch ○
b) der Abdimstorch ○
c) der Schwarzstorch ○

6. Wo brütet unser Weißstorch?

a) auf Bäumen ○
b) auf Kirchtürmen ○
c) auf Hausdächern ○

7. Nenne den Namen einer sehr seltenen Storchenart!

a) Sattelstorch ○
b) Schwarzschnabelstorch ○
c) Schwarzstorch ○

8. Welche Storchenart ernährt sich vorzugsweise von Aas?

a) Sattelstorch ○
b) Marabu ○
c) Waldstorch ○

9. Was ist die Hauptnahrung der ganz jungen Weißstörche?

a) Fische ○
b) Eidechsen ○
c) Regenwürmer ○

10. Nenne die bevorzugte Nahrung des Abdimstorchs!

a) Frösche ○
b) Schlangen ○
c) Insekten ○

11. Wo brüten die meisten Storchenarten?

a) auf Bäumen ○
b) am Wasser ○
c) auf der Wiese ○

12. Welche Vogelarten leben manchmal auch im Weißstorch-Horst?

a) Stare ○
b) Spatzen ○
c) Dohlen ○

13. Wie groß ist ein Storchen-Ei?

a) so groß wie ein Hühner-Ei ○
b) fast doppelt so groß wie ein Hühner-Ei ○
c) so groß wie ein Schwanen-Ei ○

14. Warum ist der Weißstorch bei uns Menschen so beliebt?

a) Weil er Glück bringen soll ○
b) Weil er ein Frühlingsbote ist ○
c) Weil er die Babys bringen soll ○

15. Welcher der folgenden Bedrohungsfaktoren ist der schlimmste?

a) Hochspannungsmasten und -leitungen ○
b) Zerstörung seiner Lebensräume ○
c) Verfolgung durch Jäger ○

16. Vergleiche einen fliegenden Weißstorch mit einem fliegenden Kranich!

a) Der Kranich hat den Hals eingezogen. ○
b) Der Kranich ruft trompetenartig. ○
c) Der Kranich hat längere Beine. ○

17. Warum meidet der Weißstorch bei seinem Zug das Mittelmeer?

a) Weil er kein Wasser mag. ○
b) Weil er sich dort nur schlecht orientieren kann. ○
c) Weil es dort kaum Aufwinde gibt. ○

18. Wo nisten Graureiher?

a) in Bäumen ○
b) auf Schornsteinen ○
c) im Schilfröhricht ○

19. Wann nimmt die Rohrdommel die Pfahlstellung ein?

a) Wenn sie losfliegen will. ○
b) Wenn sie ihrem Partner imponieren will. ○
c) Wenn sie sich tarnen will. ○

20. Nenne eine Besonderheit des Löfflers!

a) die langen Beine ○
b) der außergewöhnliche Schnabel ○
c) seine Flugweise ○

Lösungen zum Störchequiz:

1) c: Der Weißstorch ist ein Kulturfolger, lebt also gerne in der Nähe des Menschen.
2) c: Der Sattelstorch wird bis zu 150 Zentimeter groß.
3) c: Der Abdimstorch wird nur 75 Zentimeter lang.
4) a und c: In der Arktis und in der Antarktis leben keine Störche.
5) a: Der Riesenstorch lebt in Australien. Er wird fast 135 Zentimeter lang.
6) a, b und c: Unser Weißstorch brütet auf Bäumen. Als Kulturfolger baut er seinen Horst aber auch auf Kirchtürmen, Schornsteinen oder Hausdächern.
7) b: Vom Schwarzschnabelstorch gibt es nur noch rund 2 000 Exemplare.
8) b: Der Marabu ernährt sich vorzugsweise von Aas.
9) c: Die ganz jungen Weißstörche bekommen vor allem Regenwürmer.
10) c: Der Abdimstorch frisst am liebsten Insekten, vor allem Heuschrecken.
11) a: Die meisten Storchenarten brüten auf Bäumen.
12) a, b und c: Spatzen, Dohlen und Stare leben manchmal auch im Horst des Weißstorchs.
13) b: Ein Storchen-Ei ist fast doppelt so groß wie ein Hühner-Ei.
14) a, b, c: Der Weißstorch ist bei uns Menschen so beliebt, weil er Glück bringen soll, den Frühling ankündigt und manche glauben, er bringe die Babys.
15) b: Die größte Gefahr für unseren Weißstorch besteht in der Vernichtung seiner Lebensräume.
16) b und c: Der Kranich hat längere Beine als der Weißstorch und lässt oft seine trompetenartigen Flugrufe hören.
17) c: Der Weißstorch meidet bei seinem Zug das Mittelmeer, weil es dort kaum Aufwinde gibt. Die aber braucht er für seinen energiesparenden Segelflug.
18) a und c: Graureiher nisten am liebsten in Bäumen. Manchmal bauen sie ihr Nest auch im Schilfröhricht von Teichen und Seen.
19) c: Die Rohrdommel nimmt die Pfahlstellung ein, um sich zu tarnen. Sie ähnelt dann den Schilfhalmen ihrer Umgebung.
20) b: Der Löffler hat einen ganz außergewöhnlichen Schnabel. Er ist an seinem Ende löffelförmig verbreitert und ermöglicht es dem Vogel, Beutetiere aus dem Wasser zu filtern.

NTV

Entdecke die Reihe mit der Eule!

Entdecke die Menschenaffen

Entdecke die Amphibien

Entdecke die Reptilien

Entdecke die Igel

Entdecke die Käfer

Entdecke die Möwen

Entdecke die Kraniche

Entdecke die Störche

Entdecke die Spechte

Entdecke die Robben

Entdecke die Wale

Entdecke die Haie

Entdecke die Papageien

Entdecke die Pinguine

Entdecke die Hunde

Entdecke die Esel

Entdecke die Singvögel

Entdecke die Nagetiere

Die Reihe mit der Eule:

Die bunten Bände der Kinder-Sachbuchreihe für wissensdurstige Entdecker nehmen die Fragen der Kids ernst und beantworten sie auf kindgerechte, unterhaltsame Weise, ohne die Intelligenz der Kinder zu unterschätzen!

Begleitet werden die Kinder auf ihren spannenden Reisen von unserer schlauen Eule, die nie um Rat verlegen ist!

Entdecke die Eisvögel

Entdecke die Finken

Entdecke den Amazonas-Regenwald

Natur und Tier - Verlag GmbH
An der Kleimannbrücke 39/41 · 48157 Münster
Telefon: 0251 - 13339-0 · Fax: 0251 - 13339-33
E-Mail: verlag@ms-verlag.de · www.ms-verlag.de